인문그림책 17 숨은 디자인 찾기

1판 1쇄 발행 2019년 8월 30일
글 마리오 벨리니 | 그림 에리카 피티스 | 옮김 임희연
펴낸이 김민지 | 펴낸곳 미래M&B
등록 1993년 1월 8일(제10-772호) | 주소 04030 서울시 마포구 동교로 134(서교동 464-41) 미진빌딩 2층
전화 (02)562-1800(대표) | 팩스 (02)562-1885(대표) | 전자우편 mirae@miraemnb.com
홈페이지 www.miraei.com | 블로그 blog.naver.com/miraeibooks
ISBN 978-89-8394-868-7 (77610)
값 15,000원

이 도서의 국립중앙도서관 출판예정도서목록(CIP)은 서지정보유통지원시스템 홈페이지(http://seoji.nl.go.kr)와
국가자료종합목록 구축시스템(http://kolis-net.nl.go.kr)에서 이용하실 수 있습니다.(CIP제어번호 : CIP2019027512)

*잘못 만들어진 책은 구입처에서 바꾸어 드립니다.

아이의 미래를 여는 힘, 미래 i 아이는 미래M&B가 만든 유아·아동 도서 브랜드입니다.

숨은 디자인 찾기

마리오 벨리니 글
에리카 피티스 그림
임희연 옮김

미래i아이

이 아이는? 바로 나예요!

계단에 앉아 있는 아이는 바로 나예요. 나는 여덟 살 때 처음으로 집을 지을 생각을 했어요. 생각만 한 게 아니라 실제로 디자인하고 건축까지 했어요. 제 사촌 안토니오와 함께 문과 창문이 있는 벽돌 집을 지었어요. 안에는 작은 요리용 벽난로도 만들었답니다.

어른이 되어서도 나는 디자인 일을 계속하고 있어요. 집뿐만 아니라 탁자, 의자, 소파, 전등, 안락의자, 침대 등 집 안에 있는 제품을 모두 디자인하지요.

4

집에도 얼굴이 있어요.

사람처럼 집에도 얼굴이 있어요. 우리는 집의 얼굴을 '정면'이라고 불러요. 집에도 눈, 코, 입이 있거든요. 집의 눈, 코, 입은 바로 창문, 베란다, 현관문이에요. 집에도 얼굴이 있다는 말은 사람의 모습과도 조금 닮았다는 것을 의미하지요. 길을 오갈 때 집을 가만히 살펴보세요. 어떤 집은 창문과 베란다가 많아서, 마치 활짝 웃는 사람처럼 보여요. 또 어떤 집은 문 하나에 작은 창문이 몇 개밖에 없어서 약간 슬픈 것처럼 보이지요. 모든 집에는 벌렸다 다물었다 하는 입도 있답니다. 바로 현관문이에요.

5

그리고 어떤 집의 창문에는 장식과 작은 차양이 있는데, 그것은 마치 사람의 눈썹처럼 보이지요. 눈썹 위로 더 높이 올라가면, 집의 머리카락과 모자가 보일 거예요. 무엇인지 눈치챘나요? 바로 햇빛과 비를 피하게 해 주는 지붕이랍니다. 자, 이제 집과 사람이 같아 보이나요? 많은 집들이 한데 어우러져 커다란 도시를 만들어요. 집과 건물이 함께 말이에요. 그 안에는 서로 비슷하게 닮은 건물도 있어요.

우리는 우리가 사는 세상 밖의 또 다른 세상을 보고 여행하면서, 그곳에서 좋았던 것과 아이디어를 얻어 와 우리가 사는 도시를 꾸미는 데 활용할 수 있어요.

7 집 밖에 있다가 피곤해지면 집에 얼른 가고 싶어져요.

어린이는 하루 종일 놀다가, 어른들은 온종일 일하다가, 지친 하루의 끝에 집에 들어서는 순간을 상상해 보세요. 집에 가면, 가장 먼저 소파에 앉아 쉬고 싶을 거예요.

이탈리아 말로 소파를 뜻하는 '디바노(divano)'는 터키에서 건너온 단어예요. 터키어로 회의실을 '디반(divan)'이라고 하거든요. 정부의 장관들이 디반에서 카펫 위에 놓인 큰 쿠션에 앉아 토론하는 것에서 유래됐지요.

나는 많은 소파를 디자인했어요. 그중 '레밤볼레(Le bambole)'라는 소파가 있어요. 이탈리아 말로 '밤볼레'는 '인형'이라는 뜻이에요. 패딩을 입은 커다란 인형처럼 생겼거든요. 그리고 깃털처럼 가벼워서 손가락 두 개로 들어 올릴 수 있는 소파도 있어요. 워낙 가벼워서 장난감처럼 가지고 놀 수도 있지요. 소파 안에 무엇이 들어 있길래 이렇게 가벼운 걸까요? 바로 공기를 가득 채운 작은 에어백이 들어 있답니다.

그리고 나는 두 발을 소파에 올린 채, 다리를 쭉 펼 수 있는 긴 안락의자도 디자인했어요. 그 안락의자를 '브루코(Bruco)'라고 이름 붙였지요. 이탈리아 말로 '애벌레'라는 뜻이에요. 왜냐하면 생김새가 꼬물꼬물 기어 다니는 애벌레를 닮았기 때문이에요. 가끔 우리의 상상력을 자극하는 이상한 모습을 한 동물들이 있어요. 집 안을 한 바퀴 삥 둘러보며, 동물을 닮은 물건을 찾아보세요. 몇 개나 발견했나요?

비 대신 빛을 내리는 구름을 본 적 있나요?

어둑어둑 밤이 오면 불을 켜야 해요.
나는 전구가 바로 보이는 전등은 좋아하지 않아요. 눈이 부셔서 쉽게 피로해지기 때문이에요. 그래서 나는 내 마음에 드는 전등을 디자인하기 시작했어요. 먼저 어두워졌을 때 적당한 양의 빛을 내는 조명을 생각했어요. 그런 다음, 이 조명에 어울릴 만한 전등 모양을 고민했지요.

이런 과정을 통해, 드디어 수녀님이 쓰는 하얀색 모자 모양에서 빛이 나오는 전등 디자인을 완성했어요! 이 전등은 공중을 날아다니는 빛나는 손수건처럼 보이기도 했어요. 천장에 매달린 마법의 구름처럼 보이는 전등도 있답니다. 하늘에 떠 있는 뭉게구름 말이에요. 하지만 내가 만든 구름은 비 대신 빛을 내리지요.

10

무엇이 무엇이 똑같을까?

우리가 사용하는 물건은 종종 세계의 유명한 유적과 닮은꼴이에요. 그중엔 가끔 내 몸집보다 큰 물건도 있지요.
여러분은 탁자 밑에서 놀아 본 적 있나요? 탁자는 판판한 지붕이 있는 작은 집처럼 생겼어요. 탁자 다리는 기둥이고요. 탁자를 건축물로 표현하면 작은 집일지도 몰라요.

탁자가 넘어지지 않으려면 튼튼한 다리가 네 개 있어야 해요. 그냥 서 있기만 해도 된다면, 다리가 세 개만 있어도 충분하지요.
나는 물위를 가로지르는 높은 다리처럼 생긴 탁자도 디자인했어요. 이 탁자엔 다리가 여덟 개나 달려 있어서, 대성당이나 고대 신전처럼 보이지요. 나는 탁자가 사람들을 만나게 해 주는 다리 역할을 한다고 생각해요. 사람들은 탁자에서 함께 숙제를 하거나 놀이도 하고, 다 함께 음식을 먹거나 이야기를 나누잖아요.

13

탁자가 없는 집에서 사는 것에 대해 생각해 본 적 있나요? 아마 무척 불편할 거예요. 탁자는 아주 먼 옛날, 집이 생겼을 때부터 지금까지 늘 사용되어 왔지요. 오늘날엔 아주 많고 다양한 탁자를 볼 수 있어요. 심지어 비행기에도 소지품이나 음식을 올려 두는 좌석 탁자가 있지요. 혼자 앉아 있든, 다른 사람들과 함께 있든, 어느 때나 필요한 것이 바로 탁자예요. 그만큼 탁자는 생활에 없어서는 안 될 가구예요.

탁자를 잘 사용하려면 의자도 필요해요. 의자에는 작은 발, 다리, 좌석, 팔걸이, 등받이가 있어요. 우리에게 발, 다리, 엉덩이, 팔 등이 있는 것처럼요. 의자는 우리 몸이 편안함을 느끼도록 디자인되었어요. 여러분은 여러분의 집과 친구 집, 학교 등에서 얼마나 많은 종류의 의자를 보았나요? 틀림없이 수많은 모양의 의자를 봤을 거예요. 여러분이 본 의자는 모두 고대 의자의 친척들이에요.

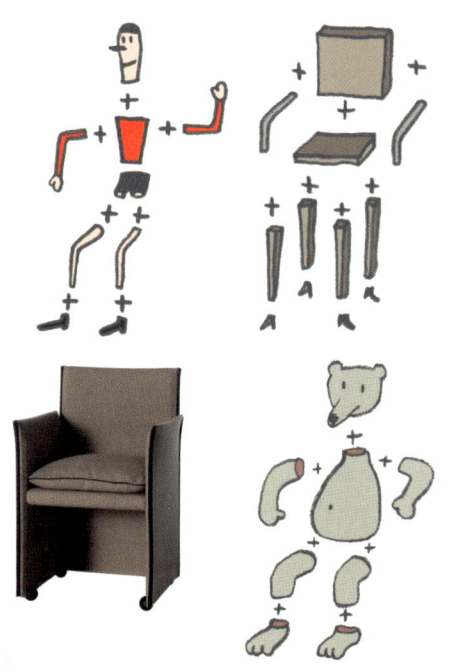

인류 최초의 의자는 약 5천 년 전, 중국에서 발명됐어요. 내가 가장 좋아하는 의자 중 하나는 고대 이집트 부자의 의자예요. 그 의자를 좋아하는 이유는 오늘날의 의자와 닮았기 때문이에요. 지금 앉아도 편안해 보이는 고대 이집트 부자의 의자는, 당시 부유한 사람들을 편안하게 해 주었어요. 옛날에는 모든 사람이 의자를 소유할 수 없었거든요.
이것을 보면, 시간이 흘러도 우리가 지금 사용하는 의자의 모양은 그리 많이 변하지 않을 것 같아요.

16

의자가 없는 나라도 있을까요?

그래요, 탁자나 의자가 없는 나라도 있었어요. 바로 먼 옛날 일본이에요. 일본에서는 모두 무릎을 꿇고 바닥에 앉았답니다. 짚으로 짠 부드럽고 깨끗한 바닥에 그냥 앉았지요. 바닥이 깨끗한 이유는 밖에서 신던 신발을 신고 집 안에 들어가지 않기 때문이에요.

일본에서는 탁자 위에서 할 일들을 바닥에서 했어요. 바닥에서 놀이하고, 숙제도 하며, 젓가락으로 음식을 먹었어요.
그리고 저녁이 되면 바로 그 바닥에서 잠을 잤지요. 먼 옛날 일본에는 침대가 없었어요. 은은한 볏짚 냄새가 나는 깨끗한 바닥에 얇은 요 한 장을 깔고, 버찌 씨를 가득 채운 둥근 베개를 베고 잠들었지요.

18 작은 물건으로 가득한 컴퓨터와 집

우리는 종종 숫자를 계산해야 할 때가 있어요. 셈이 빠르지 않다면, 계산기나 컴퓨터 혹은 휴대 전화 속 계산기를 이용하지요. 아래 그림 속의 기계는 프로그래마 101이라고 부르는 최초의 데스크톱 컴퓨터랍니다. 아주 똑똑한 전자 공학도들이 발명한 이 컴퓨터를 나는 사람들이 사용하기 쉽도록 디자인했어요.

프로그래마 101의 내부에는 모터, 전자 회로, 기계 장치, 전선들이 복잡하게 얽혀 있었어요.

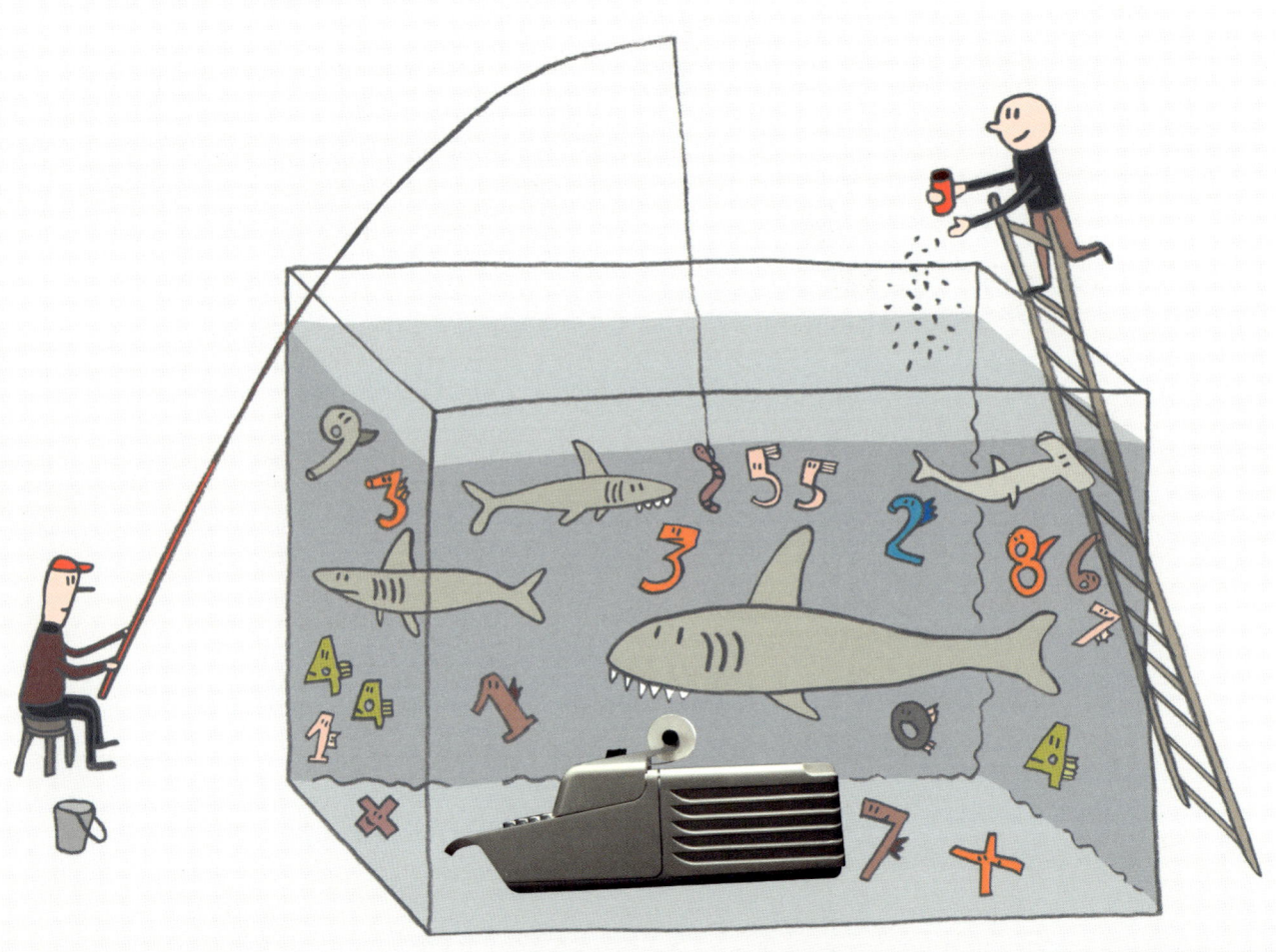

19

나는 어떻게 하면 컴퓨터의 복잡한 부품을 한데 모아, 하나의 형태로 만들지 고민했어요. 다른 한편으로는 이 기계에 얼굴을 만들어 주는 게 좋겠다고 생각했지요. 이런 고민 끝에 만들어진 프로그래마 101은 전 세계에 판매되었어요. 그리고 이 컴퓨터는 인류 최초로 달 착륙에 성공한 아폴로 11호의 계산기로도 사용됐지요.

하지만 이제 더 이상 이 컴퓨터를 사용하지 않아요. 컴퓨터의 기능이 계속 향상되자 프로그래마 101은 구식이 되어, 더 작고 빨라진 최신 컴퓨터에게 자리를 양보했기 때문이에요.

휴대 전화를 사용하거나, 비디오 게임을 할 때, 자동차를 탈 때 항상 이것을 기억하세요. 우리는 사나운 용을 다루듯 기계를 지배하고 이용해야 해요. 불쌍한 용…. 기계는 조만간 낡아서 사람들에게 버려질 거예요. 그러나 탁자, 의자, 침대처럼 집에서 쓰는 물건들은 시간이 지나도 비슷한 형태로 계속 우리 곁에 남아 있을 거예요. 왜냐하면 시간이 흘러도 우리 몸의 형태는 변하지 않을 테니까요.

하루 일과를 마치면, 바로 손을 씻으러 가야 해요.

우리는 욕실에서도 재미난 걸 발견할 수 있어요.
수도꼭지를 찬찬히 관찰해 보세요. 우리가 손과 얼굴을 깨끗이 씻을 수 있도록 찬물과 따뜻한 물을 가져오는 친절한 펭귄이 떠오르지 않나요?
내가 디자인한 거의 모든 물건은 동물과 닮았어요.

그렇다고 해서 내가 동물을 먼저 보고, 동물이 연상되는 물건을 디자인한다고 생각하진 마세요. 나는 어릴 때부터 항상 커다란 종이에 동물과 사물을 그리는 걸 좋아했을 뿐이니까요. 나는 어린 시절, 정수리에 물을 부으면 다리 아래로 오줌이 나오는 팔다리가 달린 깔때기 같은 걸 상상하며 그렸어요. 상상은 자유예요! 종이 한 장과 색연필 몇 자루만 있으면 상상의 나래를 마음껏 펼칠 수 있답니다.

그건 그렇다 치고, 이제 다시 물로 돌아가 볼게요. 물은 기나긴 여행을 마친 뒤에 욕실과 주방에 도착해요. 물의 여행은 산, 호수, 지하 우물에서 출발한다는 걸 아나요? 오늘날의 물은 수로가 발명됐던 고대 로마 제국에서와 똑같이 소중하고 없어서는 안 될 선물이랍니다.

22

부엌에 가서 물을 한 잔 벌컥벌컥 들이켜 보세요.

단순한 행동 같지만 그렇지 않아요. 주둥이가 긴 물병은 주방으로 바로 들어갈 수 없을 정도로 몸집이 큰 코끼리처럼 보일지도 몰라요. 찻주전자는 차 마시는 시간을 아름답게 장식하는 물건이에요. 나는 무지개의 둥근 곡선을 닮은 찻주전자를 상상하며, 그 찻주전자에 '파보네(Pavone)'라는 이름을 붙였어요. 이탈리아 말로 '공작새'라는 뜻인데, 찻주전자가 꽁지깃을 활짝 펼친 공작새와 닮았기 때문이에요.

그리고 식탁 위에 놓인 커피포트와 작은 우유 주전자, 설탕 그릇이 놓인 쟁반을 관찰해 보세요. 세 개의 건물이 있는 도시의 광장처럼 보이지 않나요? 맞아요! 아주 작은 도시요. 쟁반은 어떤 것이든 상상할 수 있는 하얀색 도화지 같기 때문에, 내가 무척 좋아하는 물건이에요.

자연은 물건을 디자인할 때 도움을 줘요. 나는 바다의 파도나 사막의 모래 언덕을 생각나게 하는 '듄(Dune)'을 디자인했어요. 영어로 모래 언덕이라는 뜻이에요. 듄은 색을 입힌 반투명 플라스틱 쟁반이에요. 빛의 변화에 따라 느낌이 시시각각 달라지지요.

자연은 계속해서 변해요. 파도는 바람의 힘 덕분에 살아 있는 것처럼 움직이지요. 우리 집에 있는 물건들도 자연처럼 눈의 움직임에 따라 다양한 이미지로 시시각각 달라 보인답니다. 집에 있는 가구들로 시도해 보세요. 가구를 유심히 보다 보면, 아마 어떤 순간 빛이나 눈높이에 따라 움직이는 것처럼 보일 거예요.

식탁은 특별한 가구예요. 식탁에 음식을 차리는 엄마를 도와줄 때, 식탁에서 어떠한 풍경이 펼쳐질지 생각해 보세요.

24 　　침실은 작은 섬이에요!

침실의 주인공은 푹신푹신한 침대예요. 이 침대는 캄캄한 밤에도 다칠 위험이 없도록 쿠션으로 둘러싸인 섬처럼 생겼지요. 나는 방을 거의 꽉 채울 정도로 아주 큰 침대를 디자인했어요. 앉거나 옷을 입고 벗을 때 사용하도록 발 부분에 튀어나온 입술 모양의 턱을 두고, 침대 양쪽에는 귀 모양의 작은 탁자 두 개를 달았지요. 여기에 전등이나 게임기, 책들을 놓아 둘 수 있도록 말이에요.

나는 잠자리에 누워 책이나 신문 읽는 것을 좋아해요. 그런데 나무나 철제로 된 딱딱한 침대 머리판에 머리를 기대고 있는 건 정말 불편했어요. 그래서 나는 항상 푹신한 침대 머리판에 머리를 기댈 수 있도록 디자인했답니다.

침대도 사람과 닮았어요. 머리를 기대는 머리판, 등을 기대는 등받이, 간혹 보이는 곡선까지도 말이에요. 우리 몸을 편안하게 해 주는, 두 개의 큰 귀가 생각나는 침대에서 우리 신체의 또 다른 부분을 모두 찾아보세요.

'디자인'이란 무척 뜻깊은 단어예요! 우리를 둘러싸고 있는 도시, 집, 방, 가구, 심지어 서랍 안에 있는 작은 물건까지 모든 것은 디자인과 관련 있어요. 우리가 지금껏 이야기해 온 모든 제품은 처음으로 발명한 사람이 있고, 그것을 계속해서 디자인해 온 사람들이 있답니다.

디자인은 시대를 막론하고 필요에 의해 탄생해 왔고, 시간이 지남에 따라 조금씩 달라지고 있어요. 내가 처음으로 디자인이라는 단어를 들은 것은 1960년 즈음, 대학을 졸업하고 도시와 집, 의자를 설계하기 시작했을 때였어요. 나는 나 자신보다는, 많은 사람들이 생각하는 도시와 집, 의자가 무엇인지 항상 유심히 관찰해야 한다는 걸 이때 배웠어요. 왜냐하면 인간에 대한 모든 것은 우리의 몸, 가족 대대로 내려온 습관처럼 조금씩 천천히 변하기 때문이에요.

인류의 조상들은 번개에 맞아 부러지거나 떨어진 나무의 줄기에 앉았어요. 의자는 그로부터 오랜 시간이 흐른 뒤에 만들어졌지요. 하지만 지금 의자가 없는 세상을 상상해 보세요.

인간은 수천 년 동안 손으로 음식을 먹었어요. 그러다가 마침내 숟가락, 젓가락, 칼 등의 도구를 사용하기 시작했지요. 서양에서는 포크를 사용하고, 인도에서는 손으로 음식을 먹어요. 전통과 문화 때문이랍니다.

나는 모두가 자신의 아이디어로 세상과 물건을 디자인해 보길 원해요. 디자인은 주위를 둘러보는 것만으로 충분해요. 나뭇가지에 달린 사과처럼, 아이디어가 곳곳에 매달려 있을 거예요. 아이디어를 잡고 쪼갠 다음, 그것을 넓혀 가 보세요. 나 역시 가끔 그렇게 한답니다. 여러분도 한번 시도해 볼래요?

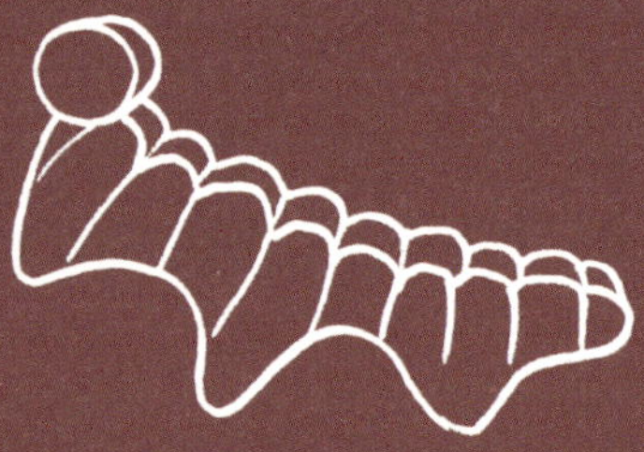

28

1965
브루코(BRUCO)
소파

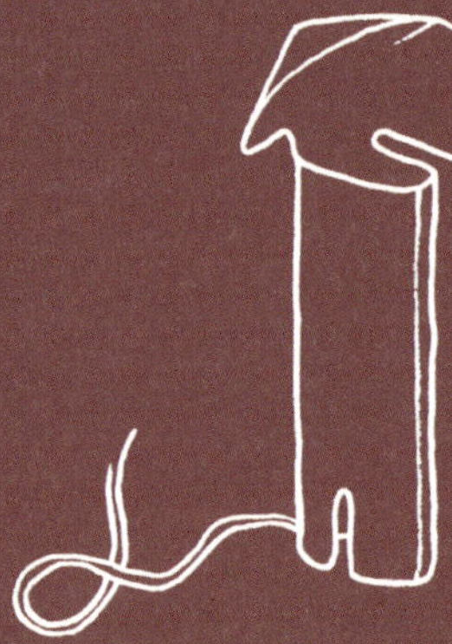

1969
키아라(CHIARA)
조명등

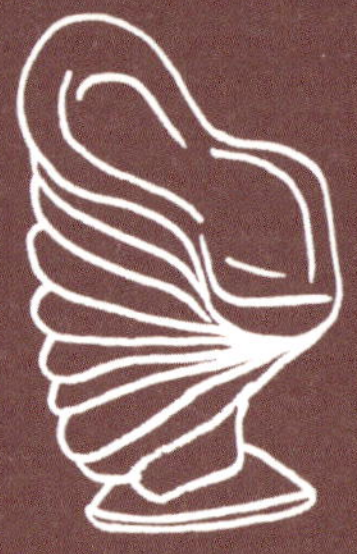

1970
테너라이드(TENERIDE)
의자

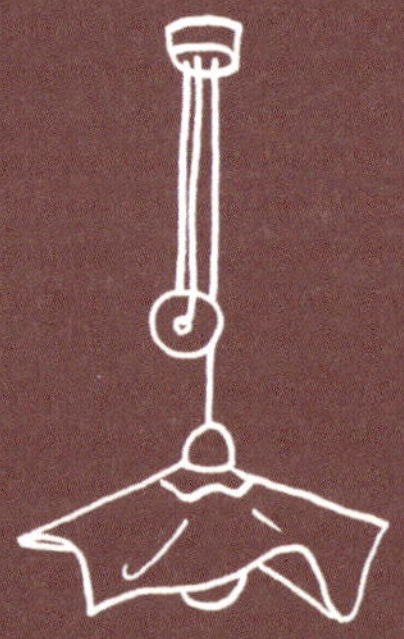

1974
아레아(AREA)
조명등

1975
A4
회계송장 발행기계

1977
CAB 412/413
의자

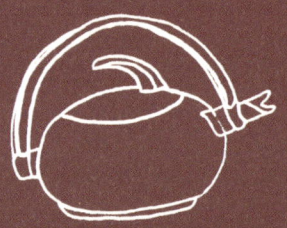

2001
팜하우스(PALMHOUSE)
주전자

2007
그랜드 피아노(GRAND PIANO)
침대

2008
비아 라테아(VIA LATTEA)
소파

이것은 나, 마리오 벨리니가 디자인한 제품이에요.

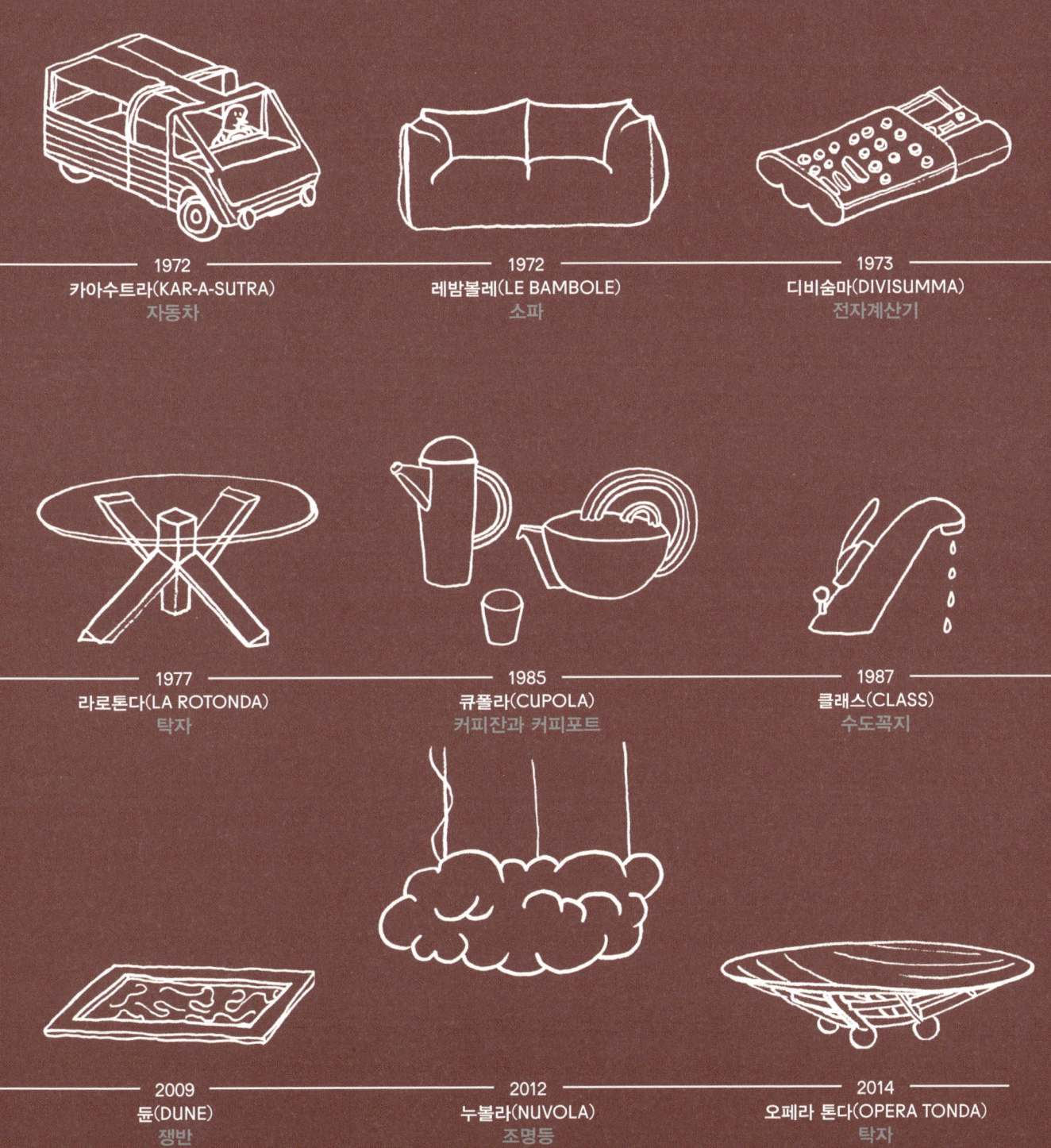

30

———— 1859 ————
세디아 넘버 14(SEDIA N. 14)
마이클 토넷
의자

———— 1915 ————
코카콜라
알렉산더 사무엘슨
병

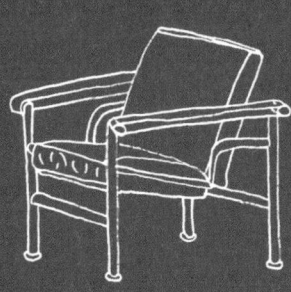

———— 1928 ————
LC1
르코르뷔지에, 피에르 잔느레,
샬롯트 페리앙
의자

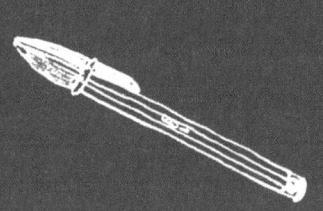

———— 1945 ————
빅(BIC)
라즐로 비리
볼펜

———— 1946 ————
베스파(VESPA)
코라디노 다스카니오
스쿠터

———— 1947 ————
레고(LEGO)
올레 키르크 크리스티안센,
고트프레드 키르크 크리스티안센
블록

———— 1983 ————
스와치(SWATCH)
니콜라스 하이에크
손목시계

———— 1999 ————
라마리(LA MARIE)
필립 스탁
의자

———— 2007 ————
아이폰(IPHONE)
조너선 폴 아이브
스마트폰

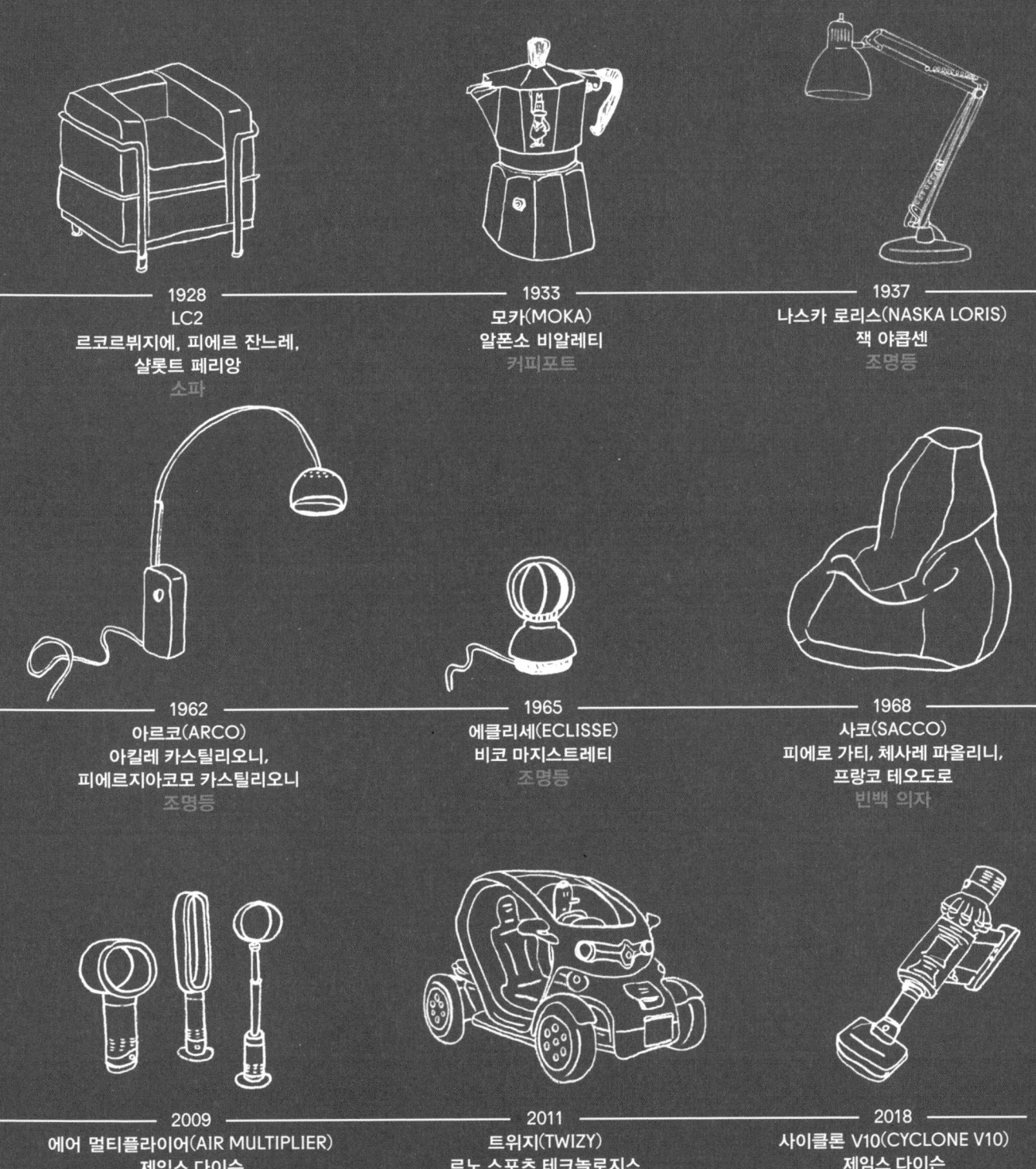

Il DESIGN SPIEGATO AI BAMBINI
by Mario Bellini with illustrations by Erika Pittis

ⓒ 2018 Bompiani / Giunti Editore S.p.A., Firenze-Milano
www.giunti.it
www.bompiani.it
All rights reserved.

이 책의 한국어판 저작권은 엔터스 코리아 에이전시를 통해 저작권자와 독점 계약한 미래M&B에 있습니다.
저작권법에 의해 한국 내에서 보호를 받는 저작물이므로 무단 전재와 복제를 금합니다.